BEI GRIN MACHT SICH IHR WISSEN BEZAHLT

- Wir veröffentlichen Ihre Hausarbeit,
  Bachelor- und Masterarbeit

- Ihr eigenes eBook und Buch -
  weltweit in allen wichtigen Shops

- Verdienen Sie an jedem Verkauf

Jetzt bei www.GRIN.com hochladen und kostenlos publizieren

Individuelle Förderung im Schulkontext. Eine Fallanalyse mit dem Schwerpunkt Adaptivität

Paul Lechtner

Bibliografische Information der Deutschen Nationalbibliothek:

Die Deutsche Nationalbibliothek verzeichnet diese Publikation in der Deutschen Nationalbibliografie; detaillierte bibliografische Daten sind im Internet über http://dnb.d-nb.de abrufbar.

ISBN: 9783389031759
Dieses Buch ist auch als E-Book erhältlich.

© GRIN Publishing GmbH
Trappentreustraße 1
80339 München

Druck und Bindung: Books on Demand GmbH, Norderstedt Germany
Gedruckt auf säurefreiem Papier aus verantwortungsvollen Quellen

Das vorliegende Werk wurde sorgfältig erarbeitet. Dennoch übernehmen Autoren und Verlag für die Richtigkeit von Angaben, Hinweisen, Links und Ratschlägen sowie eventuelle Druckfehler keine Haftung.

Das Buch bei GRIN: https://www.grin.com/document/1474241

Universität Bielefeld

Fakultät für Erziehungswissenschaften

SoSe 2022

Seminar: Heterogenität und individuelle Förderung

Modul: Modul 25-BiWi9_a Bildung, Erziehung und Unterricht (HRSGe)

Individuelle Förderung

Eine Fallanalyse mit dem Schwerpunkt „Adaptivität"

Abgabedatum: 22.06.2022

Fachsemester: 4 (Master of Education HRSGe)

Fächer: Bildungswissenschaften, Evangelische Theologie, Geschichtswissenschaft

Inhaltsverzeichnis

1. Einleitung

Um möglichst allen Kindern im allgemeinbildenden Schulwesen eine optimale schulische Entwicklung zu ermöglichen, ist es notwendig, dass Heterogenität im Schulkontext (Unterschiede zwischen Schülerinnen und Schülern[1]) nicht als Problem, sondern als Herausforderung bzw. Chance verstanden wird. Ein Begriff, der in diesem Zusammenhang oftmals als Lösungsansatz verstanden oder auch als Leitgedanke in dieser Diskussion angeführt wird, ist der der „individuellen Förderung". Nicht erst seit der UN-Behindertenrechtskonvention, die das Recht von Menschen mit Behinderung auf Inklusion im Kontext Schule formuliert[2], wird individuelle Förderung von SuS gefordert. Sie ist nicht nur im Schulgesetz verankert, sondern auch Gegenstand von Aus- und Weiterbildung von Lehrkräften und wird auch von der Kultusministerkonferenz als „Grundlage für ein Bildungssystem mit Zukunft"[3] bezeichnet.[4] Diese hier vorliegende Arbeit möchte, bezugnehmend auf die Thematik „Individuelle Förderung", einen Fall darstellen und diesen analysieren. Dabei soll die Frage beantwortet werden, wie individuelle Förderung als Gesamtunterrichtsstrategie im schulischen Kontext gestaltet werden kann, damit auch SuS mit offensichtlichen Schwächen optimal gefordert und gefördert werden können? Diese Frage ist bewusst so offen gehalten, weil sie so auch auf andere Fächer und Gegebenheiten übertragen werden kann. Zunächst werde ich dafür im nächsten Kapitel dieser Arbeit eine theoretische Rahmung schaffen bzw. die für diesen Fall relevanten theoretischen Bezüge vorstellen, damit eine Einordnung der Fragestellung in den wissenschaftlichen Kontext deutlich wird. Anschließend erfolgt dann die konkrete Fallanalyse, die mithilfe der „Pädagogisch-reflexiven Kasuistik" vorgenommen wird. Dieser Abschnitt bildet den Kern meiner Arbeit, weil hier nicht nur Beobachtung und Interpretation des konkreten Falles stattfinden, sondern vor allem auch eine theoriegeleitete Beurteilung geschieht und ein Transfer zur Handlungspraxis hergestellt wird. Den Abschluss der Arbeit bildet das Fazit, indem ich auch die Konsequenzen für mein eigenes professionelles Handeln diskutiere.

---

[1] Im Folgenden mit SuS abgekürzt.

[2] Vgl. für einen Überblick: Wrase, Michael (2015): Die Implementation des Rechts auf inklusive Schuldbildung nach der UN-Behindertenrechtskonvention und ihre Evaluation aus rechtlicher Perspektive, in: Kuhl, P., Stanat, P., Lütje-Klose, B., Gresch, C., Pant, H.A. und Prenzeln, M. (Hrsg.): Inklusion von Schülerinnen und Schülern mit sonderpädagogischem Förderbedarf in Schulleistungserhebungen. Wiesbaden, S. 41-74.

[3] Vgl. Ahnen, D. (2004). Individuelle Förderung – Grundlage für ein Bildungssystem mit Zukunft, Fördern und Fordern – Herausforderung an Schule und Lehrkräfte. Bonn. http://www.kmk.org/fileadmin/Dateien/pdf/PresseUndAktuelles/2004/Rede_Praesidentin_Foerdern_und_Forder n.pdf. [Zugriff: 20.06.2022].

[4] Vgl. Dumont, Hanna (2019): Neuer Schlauch für alten Wein? Eine konzeptuelle Betrachtung von individueller Förderung im Unterricht. Zeitschrift für Erziehungswissenschaft, 22 (2), S. 249-277. [https://doi.org/10.1007/s11618-018-0840-0]

2. Theoretische Rahmung

Lernschwierigkeiten im schulischen Kontext sind nicht nur für SuS und ihre Eltern eine Herausforderung, sondern besonders auch für Lehrkräfte (selbstverständlich auch für sonstige Sozialpädagogen, Mitarbeiter in Schulentwicklungsprozessen etc.), die dem Konzept der individuellen Förderung ihren ganz persönlichen Stempel aufdrücken müssen, damit unterrichtliche Vermittlungsangebote die SuS, die sich oftmals in kontroversen und schwierigen Lebens- und Lernsituationen befinden, auch tatsächlich erreichen und diese nicht systematisch von akademischer und sozialer Teilhabe ausgeschlossen werden. „Wie kann individuelle Förderung im schulischen Kontext als Gesamtunterrichtsstrategie gestaltet werden, damit auch SuS mit offensichtlichen Schwächen optimal gefordert und gefördert werden können?" Diese Fragestellung möchte ich nun in einem theoretischen Rahmen verankern, welcher anschließend in der konkreten Fallanalyse und auch im Fazit wieder aufgegriffen wird.

2.1 Konzepte der individuellen Förderung / Schwerpunkt: Adaptivität

Zunächst gilt es festzuhalten, dass der Begriff „individuelle Förderung" häufig gebraucht, aber auch häufig unzureichend oder auch unterschiedlich definiert wird. Hanna Dumont[5] fasst diese zahlreichen Definitionen und Versuche, diesen Begriff zu beschreiben, zusammen, indem sie festhält, dass mit individueller Förderung immer alle SuS gemeint sein müssen. Dies ist eine erste wichtige Feststellung im Kontext dieser Begriffsbestimmung. Konkret bedeutet dies, dass es nicht nur um die unterrichtsbezogene Förderung von leistungsschwachen Kindern geht, sondern auch um die Förderung aller anderen Kinder in der Klasse, auch um die, die leistungsstark sind.[6] Jedes Kind hat Förderbedarf, aber wie kann individuelle Förderung nun gelebt und praktiziert werden? Dumont fasst in ihrer Arbeit diverse Konzepte zusammen, u. a.: „Adaptiver Unterricht", „Binnendifferenzierung", „Individualisierung", „Personalisiertes Lernen", „Offener Unterricht", „Formative Assessment" und „Selbstreguliertes Lernen".[7] Viele dieser Konzepte haben keine empirische Evidenz. Dumont merkt außerdem an, dass ein beinahe unmöglich sei, die diversen Konzepte voneinander abzutrennen, weil Definitionen und Begriffsbestimmungen bzw. Verständnisse zu den Konzepten sich teilweise überschneiden oder vermischen. Daher wird zum Beispiel auch das „selbstregulierte Lernen" oftmals nicht als eigenständiges Konzept wahrgenommen, sondern als übergeordneter Ansatz auch mit anderen Konzepten kombiniert und praktiziert.

---

[5] Hanna Dumont ist Professorin für Pädagogische Psychologie mit dem Schwerpunkt schulische Lehr-Lern-Prozesse an der Universität Potsdam.
[6] Dumont 2019, S. 252f.
[7] Ebd., S. 255-262.

Für meinen konkreten Fall habe ich das Konzept des „Adaptiven Unterrichts" als theoretische Rahmung ausgewählt. Dieses Konzept wird später in Kapitel 3.4 dieser Arbeit (Beurteilung des Falles im Kontext der Pädagogisch-reflexiven Kasuistik) wieder aufgegriffen, wenn es darum geht, meinen ausgewählten Fall theoriegeleitet zu beurteilen und daraufhin auch konkrete Anwendungen zu finden.

Das Konzept des adaptiven Unterrichts basiert im Grunde auf der Annahme, dass „die Effektivität bestimmter instruktionaler Maßnahmen (*treatment*) von Merkmalen der lernenden Person (*aptitude*) abhängt".[8] Konkret bedeutet dies, dass der Unterricht an die individuellen Lernvoraussetzungen der SuS angepasst wird, damit eine möglichst optimale Lernumwelt, in der eine optimale Entwicklung gewährleistet werden kann, für alle SuS geschaffen werden kann. Zentral für die Umsetzung dieses Konzeptes ist die Bereitstellung eines unterrichtlichen Angebotes, welches zu den Lernvoraussetzungen der einzelnen SuS passt. Diese Lernvoraussetzungen sind breit gefächert und setzen sich zusammen aus dem Vorwissen und dem aktuellen Leistungsstand der jeweiligen SuS, den Interessen der SuS, der jeweiligen Persönlichkeit und weiteren Merkmalen der Lernenden.[9] Unter der Berücksichtigung dieser unterschiedlichen Lernvoraussetzungen und damit einhergehend einer größeren oder kleineren Heterogenität innerhalb der Klassengemeinschaft kann der Unterricht nach dem Konzept der Adaptivität auf zwei Ebenen angepasst werden: Anpassungen auf der Makro-Adaption umfasst „langfristige und übergeordnete Anpassungen des Unterrichts […], wie die Wahl einer Unterrichtsmethode oder Maßnahmen der Differenzierung, die auf Basis von Leistungsbeurteilungen der Schülerinnen und Schüler durch die Lehrkräfte erfolgen". Eine andere Ebene der Anpassungen hin zu einem adaptivem Unterricht stellen die Mikro-Adaptionen dar: Damit sind „kurzfristige, auf informellen Leistungsbeurteilungen basierende Anpassungen durch die Lehrkraft während eines Tages, einer Unterrichtsstunde" gemeint.[10] Mehr als die langfristigen und übergeordneten Anpassungen sind diese Mikro-Adaptionen der Kern von adaptiven Unterricht. Ein weiterer wichtiger Grundpfeiler und damit auch ein wesentlicher Bestandteil in einem adaptiven Unterricht ist der Aspekt, dass die Lernenden für ihren eigenen Lernprozess die Verantwortung übernehmen. Mit mehr Selbstbestimmung und damit einhergehend mehr Selbstständigkeit sind die SuS im Laufe der Zeit immer weniger auf instruktionale Vorgaben der Lehrkraft angewiesen und praktizieren somit im Grunde selbstregulierendes Lernen. Um diesen Ansatz auch fordernd und förderlich zu begleiten und

---

[8] Dumont 2019, S. 255.
[9] Vgl. ebd.
[10] Ebd.

die SuS so zu einer Selbstbestimmtheit und Selbstständigkeit hinzuführen ist es notwendig, dass die Lehrkräfte wissen, wann sie den SuS wie viel Unterstützung bereitstellen oder ggf. kürzen müssen, Verantwortung abgeben oder übernehmen müssen. Dies kann nur adäquat geschehen, wenn der Lernfortschritt der SuS regelmäßig und informell evaluiert wird. Zu einem adaptiven Unterricht gehört ebenfalls, dass der Unterricht anders organisiert wird als vielleicht gewohnt: Nicht in Gruppen, die das „Curriculum im Gleichschritt durchlaufen", wie Dumont es beschreibt, sondern dass die SuS auch instruktionsbasiert und kooperativ an Aufgaben arbeiten, wenn gleich dies weiterhin in einem Gruppenkontext, also einer Klassengemeinschaft, stattfindet.[11] Klar ist aber auch, und das zeigt auch die Hattie Studie[12], dass der Lehrkraft im Kontext von Lehr-Lern-Prozessen immer eine besondere Rolle zukommt und auch in Zukunft zukommen wird. Auch wird durch alle empirischen Studien hinweg deutlich, dass SuS „mit ungünstigen kognitiven, motivationalen oder sozialen Ausgangsbedingungen von hoch strukturiertem Unterricht mit effizienter Klassenführung besonders profitieren."[13]

2.2 Bemerkung zur Evidenz und Wirksamkeit

Dumont bezieht sich in ihren Ausführungen zum adaptiven Unterricht im Wesentlichen auf Lyn Corno und ihr Werk „On teaching adaptively. Educational Psychologist"[14]. Dumont merkt als Fazit zu dem neusten Konzept des adaptiven Unterrichts nach Corno an, dass es zwar keine empirische Evidenz zu diesem Konzept gebe, aber dass sich herausgestellt hat, dass dieser adaptive Ansatz einige Hinweise auf die Wirksamkeit zulässt. So hat sich mehrfach zeigen lassen, dass leistungsschwache SuS „von einer hohen Lehrersteuerung und Strukturierung des Unterrichts profitieren, während sich leistungsstarke Schülerinnen und Schüler in einem stärker selbstgesteuerten und entdeckenden Unterrichtssetting entwickeln".[15] Diese Schlussfolgerung wird besonders dann interessant, wenn es in 3.4 dieser Arbeit um die Beurteilung meines Falles geht. Dumont beschreibt aber auch, dass, wenn es im Kontext von individueller Förderung um eine Gesamtunterrichtsstrategie gehen muss, der Ansatz des adaptiven Unterrichts sich gut dafür eignet. Dieser sei noch das wissenschaftlich und didaktisch aussichtsreichste unterrichtliche Konzept.[16]

---

[11] Dumont 2019, S. 256.
[12] Vgl. Hattie, J. (2009). Visible learning. A synthesis of over 800 meta-analyses relating to achievement.
[13] Vgl. Klieme, E. (2018). Unterrichtsqualität. In: Gläser-Zikuda, M.; Harring, M.; Rohlfs, C. (Hrsg.) Handbuch Schulpädagogik. Münster: Utb, Waxmann, S. 393-408.
[14] Corno, L. (2008). On teaching adaptively. Educational Psychologist, 43, 161–173.
[15] Dumont 2019, S. 256.
[16] Dumont bezieht sich dabei auf Helmke, A. & Weinert, F.E. (1997). Bedingungsfaktoren schulischer Leistung, in: F.E. Weinert (Hrsg.), Psychologie des Unterrichts und der Schule: Enzyklopädie der Psychologie (S. 71-176). Göttingen: Hogrefe.

3. Fallanalyse

In der nun folgenden Fallanalyse werde ich vor dem Hintergrund meiner Fragestellung ein exemplarisches Fallbeispiel interpretieren. Das Ziel dieser Interpretation ist die Darstellung des impliziten handlungsgeleitenden Wissens, also der Orientierungen. Ich werde mich bei der der Interpretation an der Pädagogisch-reflexiven Kasuistik[17] orientieren.

3.1 Fallbeispiel: Individuelle Förderung im Deutschunterricht der achten Klasse

Der hier vorliegende Fall stammt aus der Seminarsitzung vom 24.05.2022. Es handelt sich dabei um eine Unterrichtssituation aus dem Deutschunterricht einer achten Klassen einer Gesamtschule:

1	Die Lehrkraft verteilt im Deutschunterricht der achten Klasse einer Gesamtschule
2	Arbeitsblätter mit fünf Aufgaben und gibt den Schüler*innen 30 Minuten für die
3	Bearbeitung Zeit. Fast alle Schüler*innen erhalten Arbeitsblätter mit denselben Aufgaben.
4	Sechs Schüler*innen bekommen von der Lehrkraft jedoch ein anderes Arbeitsblatt mit
5	ähnlichen, aber einfacheren Aufgaben. Zudem bittet die Lehrkraft die beiden im Raum
6	sitzenden Praktikantinnen, mit zwei von den sechs Schüler*innen vor die Tür zu gehen und
7	ihnen individuell bei der Bearbeitung der Aufgaben zu helfen, da sie es, resultierend aus
8	fehlendem Können aber auch aus mangelnder Motivation, allein nicht schaffen würden.
9	Während die Aufgaben mit den beiden Schüler*innen bearbeitet werden, wird deutlich, dass
10	sie sowohl Verständnis- als auch Konzentrationsprobleme haben. Die Verständnisprobleme
11	zeigen sich insbesondere im Vokabular, was sich auch auf das Textverständnis und das
12	Verständnis der Aufgabenstellung auswirkt. Die mangelnde Konzentration wird besonders
13	am Ende der Bearbeitungszeit deutlich. Trotz Unterstützung der Praktikantinnen werden sie
14	mit den Aufgaben nicht fertig.

---

[17] Vgl. Moldenhauer, A., Rabenstein, K., Kunze, K. und Fabel-Lamla, M. (2020). Kasuistik und Lehrer*innenbildung angesichts inklusiver Schul- und Unterrichtsentwicklung. Verhältnisbestimmungen, Modellierungen und Empirie der Praxis kasuistischer Lehrer, in: Fabel-Lamla, M., Kunze, K., Moldenhauer, A., Rabenstein, K. (Hrsg.): Kasuistik – Lehrer*innenbildung – Inklusion. Empirische und theoretische Verhältnisbestimmungen, Heilbrunn, S. 17f.

3.2 Beobachtung

Gleiche Bedingungen für fast alle SuS (Z. 1-3): Die Ausgangslage ist für die meisten SuS identisch. Sie erhalten, bis auf weniger Ausnahmen, die gleichen Arbeitsblätter und bekommen die gleichen Zeitvorgaben für die Bearbeitung.

Die Lehrkraft hat Differenzierung im Blick und hat für sechs SuS ähnlichere, aber einfachere Aufgaben vorbereitet (Z. 4-5): Sechs SuS aus der Klasse scheinen nicht mit den Aufgaben, die die anderen SuS bekommen haben, zurecht zu kommen, daher hat die Lehrkraft separate Arbeitsblätter vorbereitet. Diese Arbeitsblätter sind thematisch ähnlich, aber einfacher gestaltet.

Praktikantinnen unterstützen zwei der sechs SuS einzeln, weil die Lehrkraft bei den beiden das fehlende Können und die fehlende Motivation identifiziert hat (Z. 5-8): Es findet eine weitere Differenzierung statt, weil die Lehrkraft an vorherige Erfahrungen mit den beiden SuS anknüpft und daher weitere Hilfe für diese bereitstellt. Die Praktikantinnen gehen mit den beiden SuS vor die Tür und betreuen bzw. unterstützen diese individuell bei ihren Aufgaben.

Trotz der Unterstützung werden Verständnis- und Konzentrationsprobleme deutlich (Z. 9-13): Trotz der individuellen Betreuung durch zwei Praktikantinnen haben die beiden SuS Probleme bei der Bearbeitung der Aufgaben. Als Gründe werden Verständnis- und Konzentrationsprobleme angeführt.

SuS werden trotz Unterstützung nicht mit den Aufgaben fertig (Z. 13-14): Trotz Differenzierungsmaterial und der Unterstützung durch zwei Praktikantinnen werden die SuS nicht mit den Aufgaben fertig.

3.3 Interpretieren

In diesem Interpretationsteil möchte ich Bezug nehmen auf das implizite Wissen und die Handlungspraxis der SuS. Außerdem wird es darum gehen, dass die Passung von Lernangebot und schülerseitigem Nutzen des Angebotes, untersucht wird.

Schon in der Ausgangslage des Falls wird deutlich, dass der große Teil der Klasse in der Regel vermutlich gut mit den gestellten Aufgaben zurecht kommt und sich auch an die vorgegebene Zeit halten kann, da ihr implizites Wissen und ihre Routine hierfür ausreicht. Ihnen wird, so interpretiere ich es aus dem Protokoll heraus, keine besondere Aufmerksamkeit geschenkt. Bei einigen wenigen, genau genommen sechs SuS, sieht die Lehrkraft allerdings zusätzlichen Handlungsbedarf. Bei zwei von diesen sechs sieht sie einen Mangel im Können und bei der Motivation, weshalb sie für diese nicht nur separate Arbeitsblätter vorbereitet hat, sondern auch zwei Praktikantinnen individuell auf sie „ansetzt", damit hier eine eins zu eins Betreuung außerhalb der Klasse stattfindet. Hier findet demnach eine Separierung der Klasse statt, sowohl von der Aufgabenstellung her, als auch räumlich. Die Lehrkraft nimmt an, dass fehlendes Können und fehlende Motivation durch einfachere Aufgabenstellungen und zusätzliche Kräfte kompensiert werden. Die zwei Praktikantinnen werden hier meiner Interpretation nach als ungelernte Inklusionshelfer eingesetzt, was mich zu der Vermutung kommen lässt, dass es vermeintlich strukturelle Defizite in der Unterrichtsplanung gibt. Die Praktikantinnen werden nicht immer da sein. Wie werden die SuS mit zusätzlichen Unterstützungsbedarf dann abgedeckt? Es lässt sich aber zumindest feststellen, dass die Lehrkraft differenzieren möchte und dementsprechend auch differenziertes Material anbietet. Ob bei dem Rest der Klasse eine Unter- bzw. Überforderung stattfindet, wird vermutlich nicht immer leicht zu erkennen sein. Zu der Passung von Lernangebot und schülerseitigem Nutzen des Angebotes lässt sich sagen, dass hier vermutlich Probleme existieren, weil kein Einbezug der SuS bezüglich der Auswahl der Aufgaben stattfindet und auch die beiden SuS, die von den beiden Praktikantinnen betreut werden, mit dem zu Verfügung gestellten Material überfordert scheinen. Hier kann auch ein Bezug zur Motivation gezogen werden. Würden die SuS selbst unter diversen Aufgabenstellungen wählen können, würde sich dies mit Sicherheit positiv auf ihre Motivation auswirken. Weiterhin interpretiere ich, dass die Lehrkraft im Kontext von diagnostischen Kompetenzen Defizite aufweist, weil sie die Schwächen bzw. Defizite der SuS zwar im Vorfeld erkennt, aber nicht aktiv angeht, sondern lediglich versucht einfachere Aufgaben mit einer zusätzlichen Betreuung zu verbinden. Die Verständnisprobleme im Vokabular und die zunehmende Konzentrationsproblematik wurden weder durch das differenzierte Material noch durch die zusätzlichen Hilfen behoben.

3.4 Beurteilen

Als erziehungswissenschaftlich relevanter Analysefokus wären diverse Themen geeignet: Leistungsdiagnostik, Lernzieldifferenzierung, Adaptivität, Selbstreguliertes Lernen, Inklusion und Teilhabe, Lernprozessbegleitende Diagnostik oder auch die Autonomie der SuS im Lernprozess.

Ich möchte an dieser Stelle den Analysefokus „Adaption" wählen, diesen theoriegeleitet bei meinem ausgewählten Fall beurteilen und anschließend zu einer Anwendung kommen. Ich beziehe mich hierbei im Wesentlichen auf Dumont und Corno[18].

---

[18] Lyn Corno ist eine pensionierte Professorin für Pädagogik und Psychologie am Teachers College der Columbia University. Werk: Corno, L. (2008). On teaching adaptively. Educational Psychologist, 43, 161–173.

Nach Helmke und Weinert[19] muss, und hier wird der Bezug vieler Annahmen zum adaptiven Unterricht deutlich, muss eine Lehrkraft in didaktisch angemessener Form auf die interindividuellen Unterschiede eingehen. Konkret bedeutet dies im ersten Schritt, und dies wurde im theoretischen Rahmen dieser bereits Arbeit klar aufgezeigt, dass das Unterrichtsangebot seitens der Lehrkraft an die individuellen Lernvoraussetzungen der SuS angepasst werden muss. Insbesondere das Vorwissen und die kognitiven Fähigkeiten der SuS müssen bei der Unterrichtsplanung- und Gestaltung berücksichtigt werden. Dies geschieht im protokollierten Fall nicht. Ein Großteil der Klasse bekommt die identischen Aufgaben, sechs SuS hingegen differenziertes Material, obwohl wiederum zwei von ihnen deutliche Schwächen beim Verständnis von Texten und bei der Konzentration aufweisen, so zumindest die Diagnose der Lehrkraft. Wären die (negativen) motivationalen Merkmale tatsächlich schon im Vorfeld bekannt gewesen, wie es hier zu sein scheint, wäre auch dies ein Anhaltspunkt, im Kontext von adaptiven Unterricht, um die Konzeption des Unterrichtes zu ändern. Ein möglicher Handlungsvorschlag in diesem Zusammenhang wäre nicht nur die Ausgabe von differenziertem Unterrichtsmaterial, sondern die freie Auswahl von Material mit unterschiedlichen Anforderungen, damit sowohl leistungsstarke als auch leistungsschwächere SuS ihre Zone der proximalen Entwicklung (nach Vrygotsky) „bespielen" bzw. bearbeiten und fördern können. Dieses Unterrichtsangebot sollte seitens der Lehrkraft immer wieder regelmäßig modifiziert werden, weil sich auch die Lernvoraussetzungen ständig ändern. Die evtl. intensivere Vorbereitung des Unterrichts wird dann aber dadurch entlastet, dass durch Selbstbestimmung und Selbstständigkeit der Unterricht selbst entlastender wird, weil die SuS zu einem selbstreguliertem Lernen angehalten werden. In dem protokollierten Fall wird ebenfalls nicht ersichtlich, dass sich die Lehrkraft in unterstützender Weise um die leistungsschwächeren SuS kümmert, sondern dies den Praktikantinnen überlässt. Nach dem Ansatz des adaptiven Unterrichts kann die Lehrkraft das Unterrichtsangebot durch den „Einsatz von Methoden der Binnendifferenzierung in quantitativer, methodischer, medialer, qualitativer und inhaltlicher Sicht"[20] anpassen. Notwendig für solch eine Umsetzung wäre allerdings eine Öffnung des Unterrichts, „das heißt eine Flexibilisierung von Raum, Zeit und Sozialform, sowie eine Bereitstellung unterschiedlicher Lern- und Unterrichtsmethoden".[21] In dem analysierten Fall ist von dieser Flexibilität nicht viel zu sehen. Es findet zwar eine räumliche Trennung statt, aber nicht, um kooperatives Lernen zu ermöglichen, sondern lediglich, um eine eins zu eins

---

[19] Helmke, A., & Weinert, F. E. (1997). Bedingungsfaktoren schulischer Leistung. In F. E. Weinert (Hrsg.), Psychologie des Unterrichts und der Schule: Enzyklopädie der Psychologie. Göttingen: Hogrefe, S. 137.
[20] Dumont 2019, S. 265.
[21] Ebd.

Betreuung zu gewährleisten. Dumont beschreibt, dass es in diesem Kontext des adaptiven Unterrichts zwar zu einer Dezentralisierung kommt, es aber wichtig sei, dass dies nicht zu einer „Vereinzelung von Lernprozessen führt".[22] Genau dies geschieht hier in dem Fall aber. Jeder für sich geht seinen Aufgaben nach und diese Vereinzelung führt eben nicht zu einer Selbstbestimmtheit und Selbstständigkeit, sondern fördert die Zentrierung auf die Lehrkraft als Unterstützungskraft. Zwar sollte diese auch im adaptiven Ansatz die Steuerung und Strukturierung des Unterrichtsgeschehens vorantreiben, aber die Sichtweise auf den Unterricht unterscheidet sich. Auch klar ist, dass die Lehrkraft weiter Anleitung und Struktur geben muss, gerade für leistungsschwache SuS. Aber auch das geschieht hier nicht. Vielmehr werden hier die beiden Praktikantinnen als Inklusionshelferinnen herangezogen. Weiterhin muss hier die kognitive Aktivierung angemerkt werden. Das Ziel dieser sollte sein, dass jeder SuS sich in seiner Zone der proximalen Entwicklung befindet und dementsprechend Wissen aufbaut und zu einem Lernerfolg kommt. Für mich ist in meiner Beurteilung wichtig, dass die Lehrkraft hier keinen tiefergehende Auseinandersetzung mit dem Unterrichtsgegenstand ermöglicht, sondern lediglich auf implizites Wissen und routinemäßige Handlungen baut. Auch eine individuelle Ausdifferenzierung der Lernziele erfolgt nicht, sondern es werden lediglich unterschiedlich schwere Aufgaben gestellt. Meiner Meinung nach gründet all diese Kritik darin, dass das Grundprinzip des adaptiven Unterrichtes hier nicht beachtet wird: Das Unterrichtsangebot richtet sich nach den Lernvoraussetzungen der einzelnen SuS. Die Lehrkraft will zwar differenzieren und tut dies auch, aber mit einem „Leitmotiv der Potentialentfaltung"[23] hat dies wenig zu tun.

3.5 Transfer zur Handlungspraxis

Es bleibt festzuhalten, dass inklusive Bildung im Unterrichtsgeschehen, eine äußerst komplexe und herausfordernde Angelegenheit ist. Die Gefahr, die immer vorherrscht, ist die, dass in einem Umfeld, wo es ständig um Leistung geht, inklusive Bildung und Teilhabe untergeht bzw. dem Leistungsprinzip der Institution untergeordnet wird. „Das Ergebnis inklusiv gemeinter pädagogischer Praxen ist dann im analytischen Sinn Exklusion"[24] Ein möglicher Lösungsansatz in diesem Zusammenhang wäre ein Transfers der Theorie des adaptiven Unterrichts auf die Handlungspraxis im Unterricht. Konkret umsetzbar wäre, dass zunächst die

---

[22] Dumont 2019, S. 266.
[23] Vgl. hierzu: Fischer, C. (2014). Individuelle Förderung als schulische Herausforderung. Berlin: Friedrich-Ebert-Stiftung.
[24] Vgl. Hackbarth, A. (2017). Inklusionen und Exklusion in Schülerinteraktionen. Empirische Rekonstruktionen in jahrgangsübergreifenden Lerngruppen an einer Förderschule und an einer inklusiven Grundschule. Bad Heilbrunn : Verlag Julius Kinkhardt.

Lernvoraussetzungen der SuS in einer Klasse genau festgehalten werden. Wie im theoretischen Rahmen bereits festgehalten sind dies das Vorwissen, der aktuellen Leistungstand der jeweiligen SuS, die Interessen der SuS, die jeweiligen Persönlichkeit und weiteren Merkmale der Lernenden. Weiterhin gut umgesetzt werden kann die Praxis, dass aufgrund dieser Lernvoraussetzungen unterschiedliches Material zur Verfügung gestellt werden kann, aus dem die SuS dann individuell wählen. Auch eine Öffnung des Unterrichts in Kombination mit unterschiedlichen Methoden, Medien und Sozialformen können die SuS positiv in ihrer Entwicklung fördern und lassen außerdem zu, dass die Lehrkraft innerhalb der Unterrichtsstunde Zeit für die SuS hat, um Fragen zu beantworten und Hilfestellung zu geben. Wichtig in diesem Zusammenhang ist jedoch auch, dass immer wieder evaluiert wird, damit sich die SuS auch wirklich kontinuierlich in ihrer proximalen Zone befinden. Mir ist klar, dass nicht alle Merkmale des adaptiven Unterrichtes auf Anhieb umgesetzt werden können, aber die genannten wären ein positiver Schritt hin zu einer individuellen Förderung. Für den konkreten Fall würde dies bedeuten: Beteiligung und Autonomie der SuS bei der Auswahl und Bearbeitung der Aufgaben; Öffnung des Unterrichts in Bezug auf Sozialformen; Unterstützung der leistungsschwächeren SuS durch die eigentliche Lehrkraft und nicht allein durch die Praktikantinnen und eine klare aufgezeigte Lernzieldifferenzierung.

Klar ist aber auch: Zunächst benötigt es einen Willen zur inklusiven Bildung und dann die diagnostischen Kompetenzen, um einordnen zu können, was die SuS tatsächlich brauchen. Hier sollte der Fokus nicht nur auf die SuS liegen, die offensichtliche Schwächen aufweisen, sondern im Sinne aller sollte eine optimale Schulbildung für alle Beteiligten ermöglicht werden. Eine Unterforderung kann für die Entwicklung nämlich ebenfalls sehr negativ sein und sollte daher vermieden werden. Erst nachdem ich diese Schritte absolviert habe ist es möglich und sinnvoll eine gezielte Lernzieldifferenzierung vorzunehmen. In dem hier geschilderten Fall ist dies leider nicht passiert. Es wurde lediglich versucht zu kompensieren. Konkret bedeutet dies also, dass ich im Vorfeld evtl. Mehr Zeit und Mühe investieren muss, um die SuS kennen zu lernen, ihr Stärken und Schwächen zu analysieren. Gepaart mit einer klaren Linie und Strukturen im Unterricht selbst wird dies auf Dauer zu weniger Stress und mehr Gerechtigkeit und Teilhabe führen. Ansätze, wie man z. B. die Zone der proximalen Entwicklung bewerten und fördern kann, gibt es viele, u. a. auch Erwartungshorizonte, frühere Leistungen, Beobachtungsprotokolle, kooperative Analysen des Einzelnen usw. Mit diesen Mitteln lässt sich dann ein Profil erstellen, aus dem ersichtlich wird, wo man im Unterrichtsgeschehen anknüpfen kann und sollte, um optimal zu fordern und zu fördern. Auch methodentechnisch gibt es viele Ansätze, wie z. B. das *scaffolding*, was auch in dem Fall möglich gewesen wäre.

Fazit

Individuelle Förderung mit Hilfe der Theorie des adaptiven Unterrichtes scheint mir möglich, wenn gleich es, wie Dumont bereits festgestellt hat, keine empirische Evidenz gibt. Adaptiver Unterricht richtet sich nach den Lernvoraussetzungen der einzelnen SuS und passt das Unterrichtsangebot daraufhin an, damit die SuS tatsächlich eine Entwicklung nehmen und individuell gefordert und gefördert werden. Für die Lehrkraft bedeutet dies, dass im Vorfeld die Lernvoraussetzungen gründlich analysiert werden müssen. Auch eine Bereitschaft zur Öffnung des Unterrichtes und zur Flexibilität ist erforderlich. Für meine eigene Professionalisierung habe ich mitgenommen, dass es für individuelle Förderung nicht ausreicht lediglich differenziertes Material zur Verfügung zu stellen. Aus- und Weiterbildungen in diesem komplexen Bereich sind notwendig und hilfreich. Auf der anderen Seite habe ich festgestellt, dass ich wahrscheinlich niemals einen Status erreiche, an dem ich sagen kann, dass ich optimal individuell fördere. Zu diesem Prozess der Selbstreflexion gehört auch, eigene Grenzen anzunehmen, sich realistische Ziele im Hinblick auf die eigene Wirkung zu setzen und die Grenzen von Schule mit professioneller Gelassenheit zu akzeptieren.[25] Diese Gelassenheit gepaart mit dem Anspruch individuell zu fördern macht das Lehramt für mich so interessant und spannend. „Lehrer*innen stehen da-mit vor der paradoxalen Herausforderung, Leistungsdifferenzen herzustellen und sie gleichzeitig im Sinne des Inklusionsgedankens aufzuheben.[26] Dieser Komplexität möchte ich auch mit einigen Ansätzen des adaptiven Unterrichtes begegnen, von denen ich glaube, dass sie gut umsetzbar sind. Die Lehrkraft aus dem protokollierten Fall wollte individuell fördern, hatte auch Differenzierungsmaterial, aber meiner Meinung nach die falsche Ausgangsposition bzw. Grundhaltung. Ich habe mir vorgenommen für die Zukunft, dass ich zwar, besonders für die leistungsschwächeren SuS, eine klare Unterrichtsstruktur und Organisation vorgeben will, aber auch Selbstständigkeit, Selbstbestimmtheit, Autonomie und Flexibilität im Unterricht zulassen und vorleben möchte. Ich möchte im Kontext von lernprozessbegleitender Diagnostik die SuS beobachten und begleiten, mit ihnen in einen Dialog treten und Feedback zum Unterricht einfordern.

---

[25] Vgl. Heimlich, U., Kahler, J., Lelgemann, R., Fischer, E. (2016). Ebenen inklusiver Schulentwicklung – Ergebnisse einer qualitativen Mehrebenenanalyse, in: Heimlich, U., Kahler, J., Lelgemann, R., Fischer, E. (Hrsg.): Inklusives Schulsystem. Analysen, Befunde, Empfehlungen zum bayerischen Weg. Bad Heilbrunn, S. 136.

[26] Vgl. Ellinger, S., & Schott-Leser, H. (2019.) Rekonstruktionen sonderpädagogischer Praxis. Eine Fallsammlung für die Lehrerbildung. Opladen; Berlin, S. 165.

Literaturverzeichnis

Ahnen, D. (2004). Individuelle Förderung – Grundlage für ein Bildungssystem mit Zukunft, Fördern und Fordern – Herausforderung an Schule und Lehrkräfte. Bonn. http://www.kmk.org/fileadmin/Dateien/pdf/PresseUndAktuelles/2004/Rede_Praesidentin_Foe rdern_und_Fordern.pdf. [Zugriff: 20.06.2022].

Corno, L. (2008). On teaching adaptively. Educational Psychologist, 43, 161–173.

Dumont, H. (2019). Neuer Schlauch für alten Wein? Eine konzeptuelle Betrachtung von individueller Förderung im Unterricht. Zeitschrift für Erziehungswissenschaft, 22 (2), S. 249-277. [https://doi.org/10.1007/s11618-018-0840-0]

Ellinger, S., & Schott-Leser, H. (2019). Rekonstruktionen sonderpädagogischer Praxis. Eine Fallsammlung für die Lehrerbildung. Opladen; Berlin; Toronto : Verlag Barbara Budrich.

Fischer, C. (2014). Individuelle Förderung als schulische Herausforderung. Berlin: Friedrich-Ebert-Stiftung.

Hackbarth, A. (2017). Inklusionen und Exklusion in Schülerinteraktionen. Empirische Rekonstruktionen in jahrgangsübergreifenden Lerngruppen an einer Förderschule und an einer inklusiven Grundschule. Bad Heilbrunn : Verlag Julius Kinkhardt.

Hattie, J. (2009). Visible learning. A synthesis of over 800 meta-analyses relating to achievement.

Heimlich, U., Kahler, J., Lelgemann, R., Fischer, E. (2016). Ebenen inklusiver Schulentwicklung – Ergebnisse einer qualitativen Mehrebenenanalyse, in: Heimlich, U., Kahler, J., Lelgemann, R., Fischer, E. (Hrsg.): Inklusives Schulsystem. Analysen, Befunde, Empfehlungen zum bayerischen Weg. Bad Heilbrunn : Verlag Julius Kinkhardt.

Helmke, A. & Weinert, F.E. (1997). Bedingungsfaktoren schulischer Leistung, in: F.E. Weinert (Hrsg.), Psychologie des Unterrichts und der Schule: Enzyklopädie der Psychologie (S. 71-176). Göttingen : Hogrefe.

Klieme, E. (2018). Unterrichtsqualität, In: Gläser-Zikuda, M.; Harring, M.; Rohlfs, C. (Hrsg.) Handbuch Schulpädagogik. Münster: Utb, Waxmann.

Moldenhauer, A., Rabenstein, K., Kunze, K. und Fabel-Lamla, M. (2020). Kasuistik und Lehrer*innenbildung angesichts inklusiver Schul- und Unterrichtsentwicklung. Verhältnisbestimmungen, Modellierungen und Empirie der Praxis kasuistischer Lehrer, in: Fabel-Lamla, M., Kunze, K., Moldenhauer, A., Rabenstein, K. (Hrsg.): Kasuistik – Lehrer*innenbildung – Inklusion. Empirische und theoretische Verhältnisbestimmungen, Heilbrunn : Verlag Julius Klinkhardt.

Wrase, Michael (2015): Die Implementation des Rechts auf inklusive Schuldbildung nach der UN-Behindertenrechtskonvention und ihre Evaluation aus rechtlicher Perspektive, in: Kuhl, P., Stanat, P., Lütje-Klose, B., Gresch, C., Pant, H.A. und Prenzeln, M. (Hrsg.): Inklusion von Schülerinnen und Schülern mit sonderpädagogischem Förderbedarf in Schulleistungserhebungen. Wiesbaden : Springer VS.

BEI GRIN MACHT SICH IHR WISSEN BEZAHLT

- Wir veröffentlichen Ihre Hausarbeit,
  Bachelor- und Masterarbeit

- Ihr eigenes eBook und Buch -
  weltweit in allen wichtigen Shops

- Verdienen Sie an jedem Verkauf

Jetzt bei www.GRIN.com hochladen
und kostenlos publizieren